A 1	B 2	C 3	D 4	E 5
F 6	G 7	H 8	I 9	J 10
K 11	L 12	M 13	N 14	O 15
P 16	Q 17	R 18	S 19	T 20
U 21	V 22	W 23	X 24	Y 25
Z 26	Ä 27	Ö 28	Ü 29	

Jule Ambach, 1987 geboren, war zunächst Kinderbuch-Lektorin, bevor sie begann, sich selbst Geschichten auszudenken. Sie liebt Kaffee mit Zimt, laute Musik beim Schreiben und Reisen nach Schweden.

Sandy Thißen kam 1983 als Ruhrpottkind zur Welt. Beim Zeichnen trinkt sie gern literweise Tee, hört Musik und singt dabei sehr schief. Mit ihrer Familie wohnt sie am Stadtrand von Oberhausen.

So sehen die Zahlen von 1 bis 10 als Wörter aus.

1 eins	2 zwei
3 drei	4 vier
5 fünf	6 sechs
7 sieben	8 acht
9 neun	10 zehn

Jule Ambach

Die Mathe-MAtierchen

Teilmatiner auf Dino-Jagd

Verlag Friedrich Oetinger · Hamburg

Hallo du!

In diesem mathe-magischen Buch darfst du lesen, malen, rechnen und rätseln!

Die Ergebnisse kannst du in diese Lücken schreiben: ☐

Einige Lücken sehen auch so aus: ☐

Sammle diese Zahlen und löse damit das Rechen-Rätsel ganz am Schluss.

Auf jeder Seite kannst du ein Stück vom mathe-magischen Lineal anmalen. So weißt du immer, wie weit du schon bist.

Wie fandest du die Aufgaben:
leicht, schwer oder mittel?
Male dem Teilmatiner
in jedem Kapitel ein Gesicht.

Los geht's:

PLUS, MINUS, GROSSE PAUSE!

Inhalt

Die Mathematierchen helfen
Kindern beim Rechnen.
Erwachsene können sie nicht sehen.
Die Mathematierchen wohnen
im mathe-magischen Nebel.
Hier sind sie unsichtbar.
Immer wenn ein Kind ihre Hilfe braucht,
tauchen sie auf.

Das Meerdreinchen

- liebt die Zahl 3 über alles
- braucht von allen Dingen drei Stück

3

Die Minusmuschel

- nimmt immer etwas weg
- ist oft schlecht gelaunt

–

Das Pluspferd

- hat viele Plus-Pünktchen auf der Haut
- macht gerne Witze

+

2 Die Wildzweine

- gibt es nur im Doppel-Pack
- sind ziemlich wild

Das Kaneunchen

- hat auf alles eine Antwort
- findet, die 9 ist die allerbeste Zahl

9

8 Die Achtigall

- fliegt am liebsten eine 8
- hat immer den Überblick

Das Malross

- spielt gern Ukulele
- hat große Sehnsucht nach dem Meer

Der Teilmatiner

- teilt für sein Leben gern
- ist abenteuerlustig und neugierig

1. Feli hat Geburtstag

Einladung
zu meinem Geburtstag am 23. ______
(Der Monat liegt zwischen Juni und August).
Los geht's um ____ (22 - 8) Uhr
im Lindenweg ______ (29 + 8).
Ich freue mich auf Dich!
Deine Feli

Feli schaut auf die Uhr.
In ☐ Minuten kommen endlich
Jasin, Lotte und Kara!
Die Zeit vergeht heute gar nicht!,
denkt Feli.
Sie geht ans Fenster und guckt raus.
Vielleicht kommt jemand zu früh!
Doch draußen tut sich nichts.

Feli ist aufgeregt.
Vorgestern, am ☐. Juli,
war ihr Geburtstag.
Und heute ist endlich die
Geburtstagsfeier!

Feli freut sich auf das Picknick.
Aber noch viel mehr freut sie sich
auf den Besuch im Dino-Museum!
Obwohl sie dort schon ☐ Mal war.
Das macht aber nichts.
Feli liebt Dinos!

Zähl die Eintrittskarten.
So oft war Feli schon
im Dino-Museum!

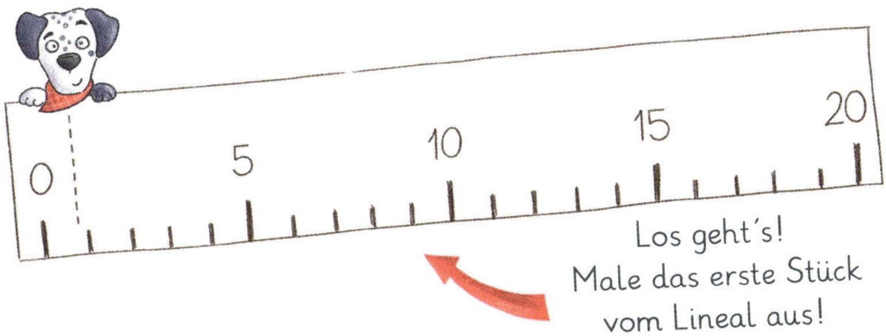

Los geht's!
Male das erste Stück
vom Lineal aus!

Der Picknickkorb muss noch gepackt werden.
Vorhin hat Feli mit ihrem Papa schon 24 Waffeln gebacken!

Felis Papa kommt mit einem großen Korb in die Küche.
„Wie viele Waffeln möchtest du mitnehmen?“, fragt er.
Feli überlegt. „Die Hälfte reicht.“
„Also ☐ Waffeln“, sagt Felis Papa.
„Das sind ☐ Waffeln für jeden“, überlegt Feli.

„Du kannst richtig gut teilen!“
Das ist der Teilmatiner!
Felis Papa kann ihn nicht sehen, nur Feli.
„Hallo!“, flüstert Feli und streicht
dem Teilmatiner über den Kopf.

Außerdem gibt es für jedes Kind
noch einen Muffin.
Feli packt die ☐ Muffins vorsichtig ein.
Es gibt auch Erdbeeren, Nudelsalat
und ☐ Brezeln. Für jeden 2 Stück.

„Hier sind noch 2 Flaschen Limo“,
sagt Felis Vater.
Die passen gerade noch in den Korb.

Du machst das mathe-magisch

Ding Dong!
Das ist die Türklingel.
„Endlich!“, jubelt Feli.

Vor der Tür stehen Lotte, Kara und Jasin.
„Ich freue mich so, dass ihr da seid!“,
ruft Feli.
Vor Aufregung hüpft sie auf und ab.
Auch Kara, Jasin und Lotte freuen sich.
„Ich komme auch mit ins Museum!“,
ruft der Teilmatiner.
Auch darüber freuen sich alle.

„Wir können sofort los“, erklärt Feli.
Sie winkt ihren Eltern.
„Wir bringen den Picknickkorb um 17 Uhr ins Museum!“, ruft Felis Papa.
Feli nickt. „Also in ___ Stunden.“
„Dann müssen wir jetzt schnell los.“
Es sind nur ___ Meter bis zur Bus-Haltestelle.

Komm mit zur Bus-Haltestelle!
Trage die fehlenden Zahlen der Reihe ein. Die letzte Zahl ist die Entfernung.

Der Bus ist ganz schön voll.
Feli, Kara, Jasin und Lotte
finden einen Sitzplatz zusammen.
Auch die anderen Mathematierchen
tauchen auf!

Die Mathematierchen haben
ein Geschenk für Feli.
Es muss aber noch eingepackt werden.
Die Wildzweine haben Papier
und Schleifen mitgebracht.

Wie waren die Aufgaben
in diesem Kapitel für dich?
Male dem Teilmatiner
ein Gesicht.

Gar nicht so einfach!
Welche unterschiedlichen Möglichkeiten gibt es für die Geschenk-Verpackung?
Male die Geschenke aus.

Du brauchst Stifte in Blau, Grün, Gelb, Lila, Orange und Rot.

Jetzt müssen sich die Mathematierchen nur noch entscheiden.
Die meisten Stimmen bekommt diese Geschenk-Verpackung:

Das Geschenkpapier ist nicht blau.
Es berührt das blaue Papier auch nicht.
Die Wildzweine mögen kein Lila.
Rot bekommt die wenigsten Stimmen.

2. Lieblingsdino vermisst!

Der Bus hält direkt am Museum.
Feli kann es kaum erwarten!

Doch zuerst muss Feli den Eintritt
für alle bezahlen.
Feli gibt dem Mann an der Kasse
☐ Euro.
Dann bekommt sie endlich
☐ Euro zurück.

Der Mann hält einen Zettel hoch.
„Möchtet ihr bei der Dino-Rallye mitmachen?“
„Das machen wir!“, meint das Pluspferd.
„Au ja!“, ruft Lotte.
Sie nimmt den Zettel und bekommt einen Stift.

Feli weiß nicht so recht.
Sie möchte so durch das Museum gehen wie immer.
Der Teilmatiner stupst sie an.
„Das wird bestimmt lustig!“

„Wo müssen wir lang?“, fragt Kara.
Sie stehen vor dem großen Museumsplan.
„Für die Rallye sollen wir den
größten Dino finden“, sagt Jasin.

„Es geht hier lang!“, ruft Feli
und zeigt auf den Plan.
„Wir müssen zuerst durch die Halle
mit den anderen Fossilien.“

Die Minusmuschel staunt:
An den Wänden hängen Abdrücke
von Muscheln in Steinen.
Die sind richtig alt!

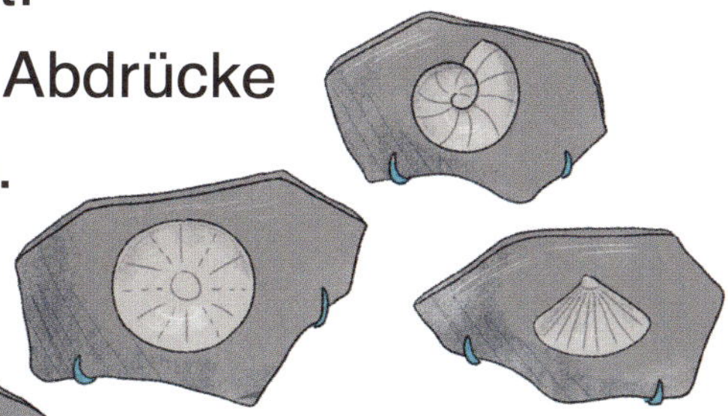

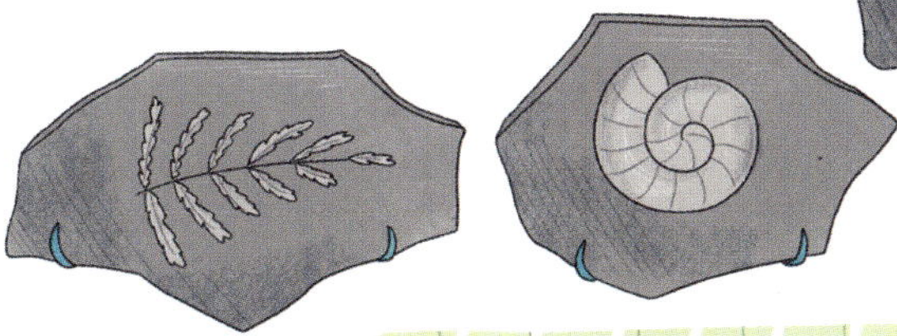

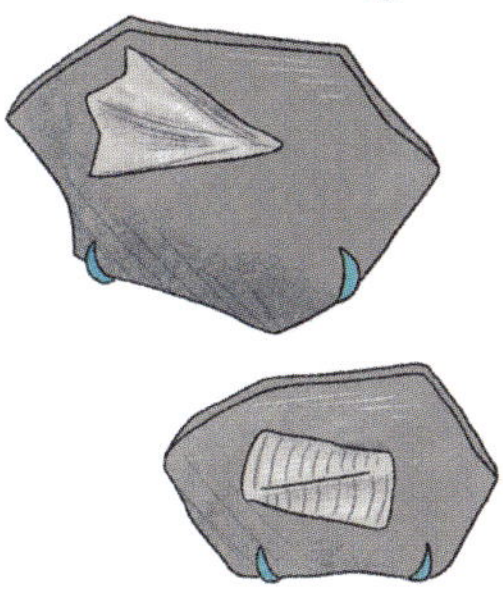

Guck dir die Fossilien an. Siehst du die Formen Kreis, Dreieck und Viereck? Zeichne sie mit deiner Lieblingsfarbe nach und zähle sie:

☐ Dreiecke ☐ Kreise

☐ Vierecke

Die anderen Mathematierchen schauen sich auch genau um:
Gibt es hier auch richtig alte Kaneunchen, Malrosse und Pluspferde?

In der hohen Halle gibt es
☐ Dino-Skelette.

Alle staunen!
Nur Feli schaut sich suchend um.
„Wo ist der Triceratops?"

„Der steht sonst immer genau hier!"
Feli zeigt, wo genau.
Der Platz ist leer.
In einer Ecke steht eine Museums-Wärterin.
„Wo ist der Triceratops hin?", fragt Feli.

„Der Triceratops
wird repariert“,
erklärt die Frau.

Jetzt ist alles zerstört!
Heute ist doch Felis Geburtstag.
Und der Triceratops ist ihr Lieblings-Dino.

„Wir können noch auf den Spielplatz
gehen!“, sagen die Wildzweine.
„Das Picknick kommt doch noch“,
meint Jasin.
„Vielleicht gewinnen wir die Rallye!“,
ruft Lotte.

Feli schnieft.
Obwohl die anderen ☐ Sachen
wirklich gut klingen.

„Kommt, wir suchen den längsten Dino!“, schlägt das Kaneunchen vor. Feli ist einverstanden. Die Rallye macht viel Spaß. Auch ohne Triceratops.

Der Brontosaurus ist am längsten, glauben Kara und Jasin. Feli und Lotte sind sich sicher, der Brachiosaurus ist länger.

Welcher Dino ist länger? Schau zum Abmessen auf das rosa Lineal.

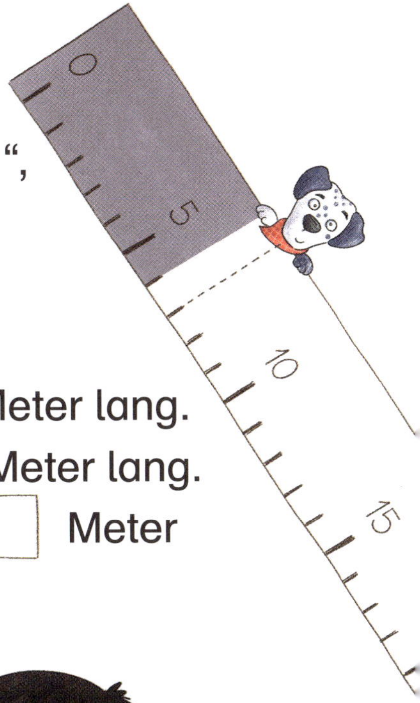

„Wir können das ausrechnen!“, schlägt das Pluspferd vor.

Jasin trägt das Ergebnis ein:
„Der Brontosaurus ist ☐ Meter lang.
Der Brachiosaurus ist ☐ Meter lang.
Also ist der Brachiosaurus ☐ Meter länger!“

Der Teilmatiner hört gar nicht zu! Er schnuppert am Stegosaurus-Bein. Das Pluspferd und das Kaneunchen ziehen ihn weg.

Die Wildzweine sind verschwunden!
„Wir müssen sie suchen!“, sagt Kara.
„Sollen wir uns aufteilen?“, fragt Jasin.
„Wir bleiben lieber zusammen“, sagt Feli.
„Sonst verlieren wir uns auch noch.“

„Vielleicht sind sie hier noch irgendwo“,
überlegt der Teilmatiner.
„Wir teilen uns in diesem Raum auf und
suchen sie!“

Hilf dem Teilmatiner!
Kannst du mit 5 Linien den Raum
in 9 gleich große Vierecke
aufteilen?

Alle suchen gründlich.
Doch die Wildzweine finden sie nicht.

Feli hat eine Idee.
Vielleicht sind die Wildzweine dort?

$9 \cdot 8 =$

$36 : 6 =$

$40 : 4 =$

$3 \cdot 7 =$

$5 \cdot 5 =$

Wo sind die Wildzweine?
Rechne die Aufgaben in den Knochen aus. Male die Felder in deiner Lieblingsfarbe aus. Sie verraten dir eine Seitenzahl. Schau da mal nach!

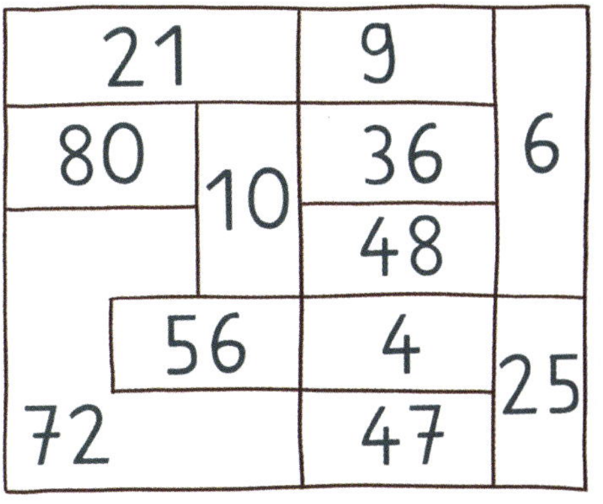

„Wir gehen nachschauen,
ob die Wildzweine dort sind!“,
schlägt Feli vor.

„Wildzweine, seid ihr hier?“, ruft Lotte.
Ein Museums-Wärter macht „Psssschttt!“.
Ups! Im Museum soll man nicht
so laut sein.
Darum ruft Lotte noch mal, aber ganz leise:
„Hallo, Wildzweine?“

Keine Antwort.
Der Teilmatiner schnüffelt herum.
Er kann die Wildzweine wittern!

Auch das Pluspferd hat
die Wildzweine entdeckt.
„Komm, wir machen ein Wettrennen!“,
ruft das Pluspferd.

Wer ist zuerst bei den Wildzweinen?
Nimm ein Lineal und miss nach.
Mathe-magisches Geheimnis: Wir tun
hier so, als ob 1 cm gleich 1 m ist.

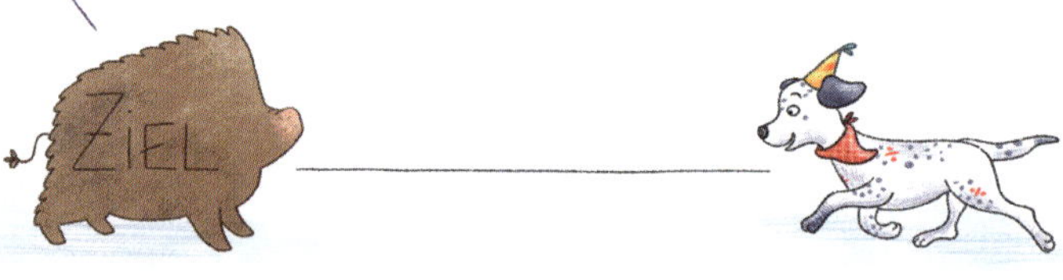

„Erster!“

Das Pluspferd ist ☐ Meter von den Wildzweinen entfernt.

Der Teilmatiner ist ☐ Meter entfernt.

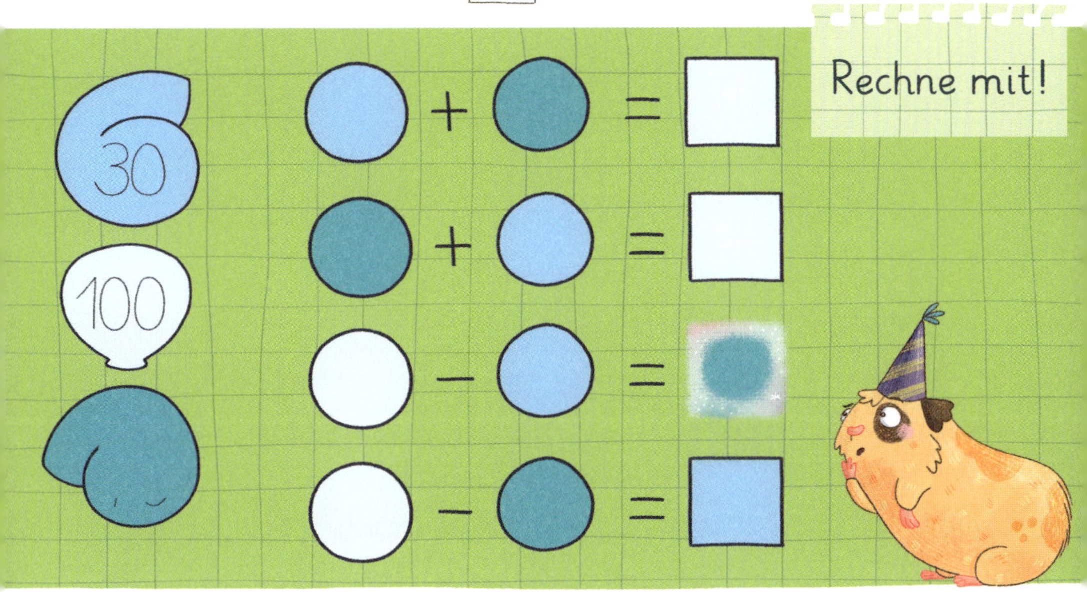

„Wir dachten schon, ihr findet uns nie!“, rufen die Wildzweine.

„Da seid ihr ja!“, freut sich Feli.

Die Mathematierchen haben sich
ein Spiel ausgedacht! Spielst du mit?
Du kannst das Spiel
mit 2 – 4 Personen spielen.

Du brauchst:
2 Würfel
1 Bleistift
Für jede mitspielende Person
1 Kopie des Spiels

So geht's:
Gewürfelt wird mit beiden Würfeln.
Nimm die Zahlen auf den Würfeln
miteinander mal. Zum Beispiel 2 mal 6.
Suche das Feld mit der Zahl.
Streiche das Feld mit dem Bleistift durch.
Wer zuerst 4 Felder in einer Reihe
durchgestrichen hat, hat gewonnen!

4	5	16	9
8	6	36	1
15	25	2	30
10	24	12	20

15	5	20	1
30	24	18	25
16	10	4	2
3	6	12	36

25	5	3	24
1	4	16	18
30	15	9	6
20	36	12	8

1	25	12	6
18	8	4	3
4	20	2	24
15	30	16	10

Wie waren die Aufgaben in diesem Kapitel für dich? Male dem Teilmatiner ein Gesicht.

3. Der Teilmatiner findet einen Knochen

Feli guckt auf ihre Uhr.
Sie bekommt einen Schreck:
Um 15 Uhr öffnet draußen der Steinbruch.
Dort können sie selbst
nach Fossilien graben.
Das sind nur noch ☐ Minuten!

Darauf hat sich Feli schon gefreut:
Endlich werden sie selbst
Dino-Forschende.

„In dem Steinbruch wurden schon
Fossilien gefunden“, erklärt Feli.
„Hoffentlich finden wir auch was!“
„Au ja!“, ruft Lotte.
„Einen T-Rex!“
„Oder einen Dino,
den noch niemand kennt!“, überlegt Kara.

Auch der Teilmatiner freut sich.
Er buddelt richtig gerne.

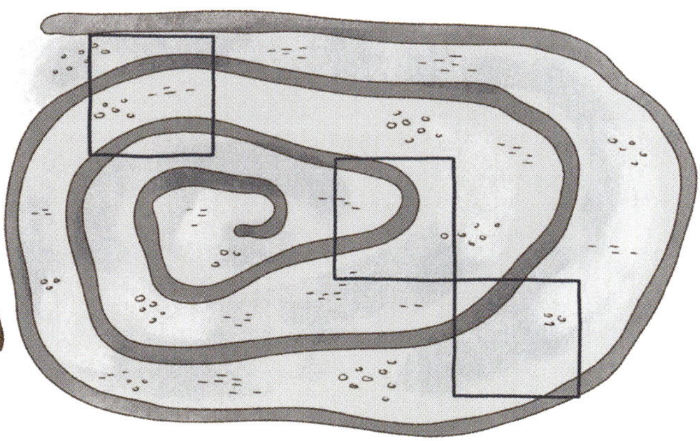

Alle Mathematierchen und Kinder
sollen ein Viereck bekommen.
Die Wildzweine zählen
als ein Mathematierchen.
Wie viele Vierecke müssen es sein?
Zeichne sie ein.

„Ich bin schon richtig tief!“,
ruft Jasin.
„Habt ihr schon was?“

„Nur ein paar schöne Steine“,
antwortet Lotte.
Auch Feli hat schon
3 schöne Steine gefunden.
Aber kein Fossil.

Feli gräbt ganz vorsichtig.
Wenn sie etwas findet,
soll es nicht kaputtgehen.

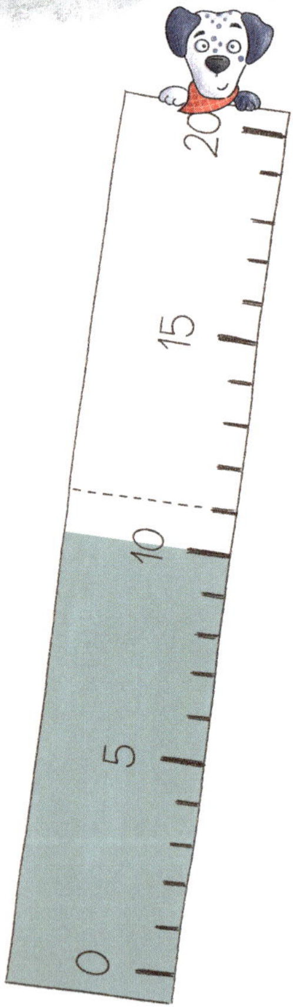

Das Meerdreinchen und das Pluspferd sammeln Steine.
„Wir haben schon ___ Steine gefunden!“, staunt das Pluspferd.

Auch die Minusmuschel macht mit.
Sie hat ganz besondere Steine gefunden.

Welche Zahl fehlt? Die drei Zahlen sollen zusammen die Zahl in der Mitte ergeben. Kannst du die dritte Zahl ergänzen?

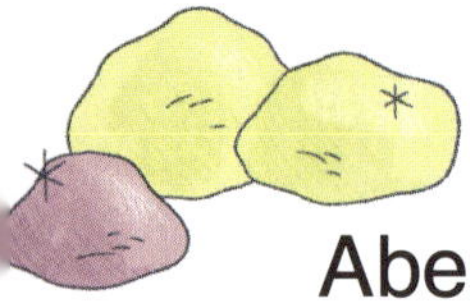

Aber Kara hat noch nicht mal einen
schönen Stein gefunden.
Lotte überlegt.
„Wollen wir vier unsere
Steine zusammentun?“,
fragt sie. „Und dann teilen wir alle
gerecht auf?“

Das ist eine gute Idee, finden alle.
Feli und Jasin bringen ihre Steine
zu Lotte.

Teilen macht Spaß! Zähle die
Steine auf der ganzen Doppelseite.

„Wir haben insgesamt ☐ coole Steine“,
sagt Lotte.
„Dann bekommt jedes von
uns Kindern ☐ Stück!“

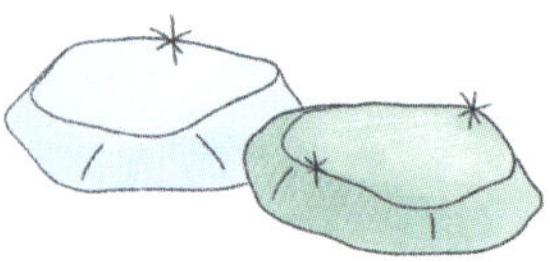

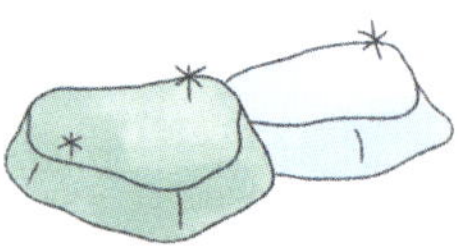

Plötzlich bellt der Teilmatiner aufgeregt!
Die anderen eilen herbei.
„Der Teilmatiner hat einen Knochen gefunden!“, ruft das Malross.

Feli staunt: „Den müssen wir ins Museum bringen!“

Der Teilmatiner lässt den Knochen fallen.
Er stellt seine Vorderpfoten darauf.

„Das ist mein Knochen!“, sagt er.
„Den gebe ich nicht her.“

Magst du auch so gerne Dinos?
Du kannst die Formen abpausen,
ausschneiden und daraus selbst
Dinos legen!
Leg die Formen
so wie in den Beispielen.
Schaffst du es auch
mit zugeklapptem Buch?
Vielleicht fällt dir auch ein
Fantasie-Dino ein.

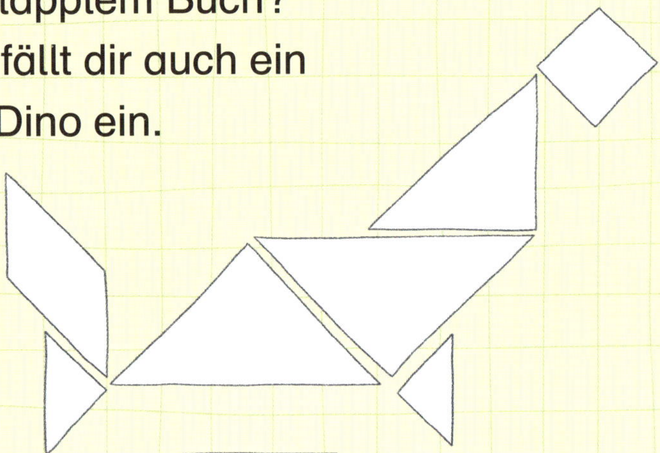

Wie waren die Aufgaben
in diesem Kapitel für dich?
Male dem Teilmatiner
ein Gesicht.

4. Der Dino-Knochen

Feli runzelt ihre Stirn.
„Aber du kannst den Knochen nicht behalten!“, sagt sie.
„Wenn das ein echter Dino-Knochen ist, muss er ins Museum!“

Der Teilmatiner legt seinen Kopf auf den Knochen.
Er will ihn nicht hergeben!
Feli seufzt.
Jetzt weiß sie auch nicht weiter.

„Wenn man teilt, ist alles viel schöner!“, rufen die Wildzweine.

Das Meerdreinchen ist abgelenkt. Es springt über die Steine der 3er-Reihe. Male die passenden Steine in deiner Lieblingsfarbe an.

2

„Wir freuen uns am liebsten zusammen.
Dann fühlt sich Freuen viel schöner an!“

„Wie bei den Steinen“, sagt Kara.
„Weil wir sie geteilt haben,
kann sich jetzt jeder von uns freuen.“

„Stell dir mal vor,
du hast eine neue Dino-Art entdeckt“,
sagt das Malross.
„Dann können sich alle im Museum
diesen Knochen angucken.
Und Feli denkt immer an dich,
wenn sie das Museum besucht.“

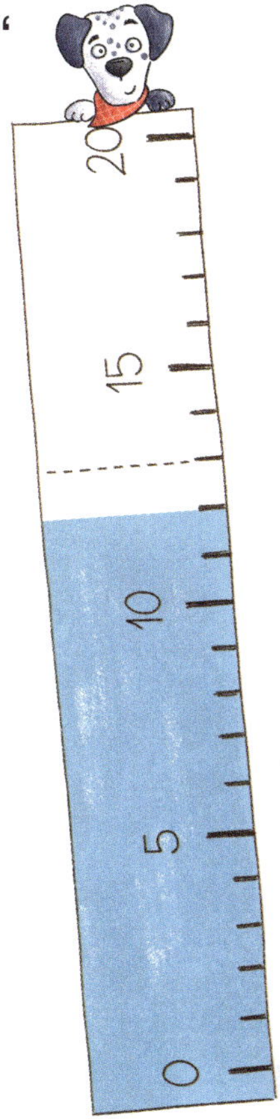

Der Teilmatiner überlegt.
Er guckt den Knochen an
und schleckt einmal drüber.
„Nein, nicht fressen!“, rufen alle.

„Will ich doch gar nicht“,
sagt der Teilmatiner.
„Aber wenn das kein Dino-Knochen ist,
darf ich ihn behalten.“
Damit sind alle einverstanden.

Feli nimmt den Knochen.
Am Steinbruch passt eine
Museums-Mitarbeiterin auf.
Feli zeigt ihr den Fund.

Die Frau guckt sich den Knochen an.
„Den Knochen sollten wir uns in meinem
Labor ansehen!“, erklärt die Frau.

„Mein Name ist Sora.
Ich arbeite als Dino-Forscherin
im Museum.“
Feli wollte schon immer mal eine
echte Dino-Forscherin kennenlernen!

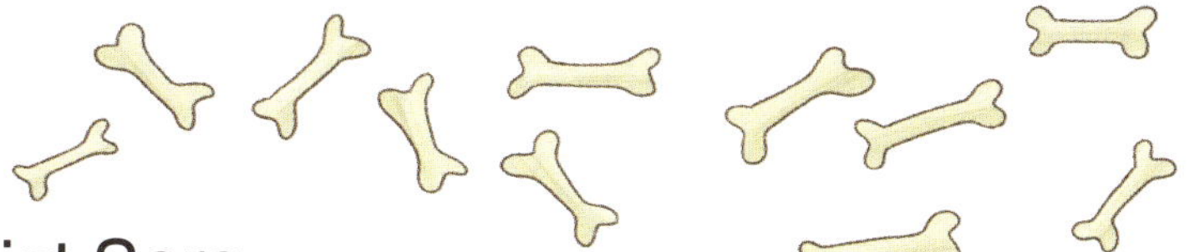

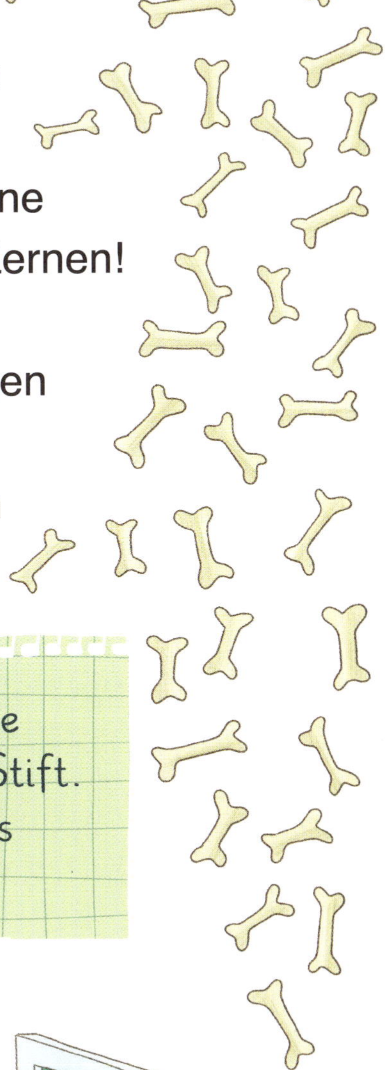

Kara, Feli, Jasin und Lotte folgen
Sora ins Museum.
Die Mathematierchen kommen
natürlich auch mit.

So viele Dino-Knochen! Umkreise
immer 10 Knochen mit einem Stift.
So findest du heraus, wie viele es
insgesamt sind: ☐ Knochen

Sora schließt eine graue Tür
mit der Nummer ☐ auf.

Sora setzt eine besondere Brille auf.
Sie funktioniert wie eine Lupe.

Die Dino-Forscherin dreht
den Knochen hin und her.
„Hm, hm, hm“, murmelt sie.
Dann lässt sie den Knochen sinken.
„Ihr seid auch richtige Dino-Forscher!“,
sagt Sora.

Felis Herz klopft ganz schnell.
Ist es wirklich ein Dino-Knochen?

Welches Tier
versteckt sich hier?
Verbinde die 4er-Reihe
in deiner Lieblingsfarbe.

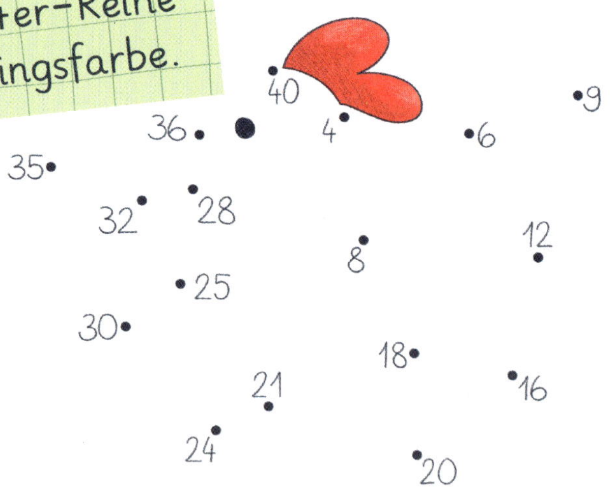

„Der Knochen stammt aber von einem anderen Tier", erklärt Sora.
„Wusste ich doch!", sagt die Minusmuschel.

„Aber ihr habt ein bisschen recht", sagt Sora.
„Dieses Tier ist eng mit Dinos verwandt!
Die Knochen sehen ganz ähnlich aus.
Nur kleiner."

Jetzt freut sich Feli doch.
Ein bisschen fühlt sie sich wie eine echte Dino-Forscherin.

Rechne mit!

Wie waren die Aufgaben in diesem Kapitel für dich? Male dem Teilmatiner ein Gesicht.

Du brauchst:
1 Würfel
Spielfiguren

Du kannst das Spiel mit 2 – 6 Personen spielen.

So geht's:
Es wird reihum gewürfelt.
Jede mitspielende Person darf so viele Felder gehen, wie der Würfel anzeigt.
Wer auf ein Dino-Feld kommt, darf bis zum Dino-Kopf hochklettern.
Bei den Fußspuren geht es zurück.
Gewonnen hat, wer zuerst genau im Ziel angekommen ist.

ZIEL
93 94 95 96 97 98 99
92 91 90 89 88 87 86 85
77 78 79 80 81 82 83 84
76 75 74 73 72 71 70 69
61 62 63 64 65 66 67 68
60 59 58 57 56 55 54 53
45 46 47 48 49 50 51 52
44 43 42 41 40 39 38 37
29 30 31 32 33 34 35 36
28 27 26 25 24 23 22 21
13 14 15 16 17 18 19 20
12 11 10 9 8 7 6 5
START
1 2 3 4

5. Der allerschönste Geburtstag

„Haben wir noch genug Zeit?“, fragt Jasin.
„Wir müssen noch
die Rallye zu Ende machen.“

„Dann beeilen wir uns!“, schlägt Lotte vor.
Sie guckt auf den Zettel.
„Es sind 15 Stationen, 13 haben wir schon.
Bleiben also [ ] übrig.“
„Das schaffen wir!“, ruft Kara.

An der Kasse warten schon
Felis Eltern mit dem Picknick.
„Wir haben die Rallye geschafft!“,
freut sich Feli.
Jasin gibt den Zettel an der Kasse ab.

Der Mann rechnet die Punkte zusammen.

Wie viele Punkte haben Feli, Kara,
Lotte und Jasin erspielt?
Rechne zusammen.

„Toll, ihr habt ☐ Punkte!“,
sagt der Mann.
„Das heißt, jeder von euch vieren
hat ☐ Punkte.
Dafür könnt ihr euch jeder einen
Preis aussuchen.“

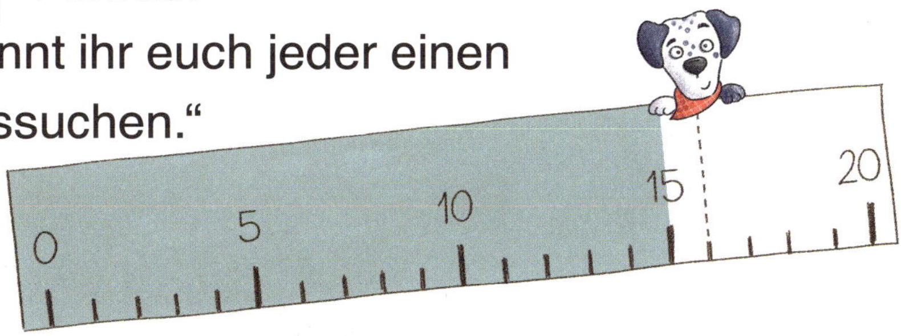

Feli überlegt.
Es gibt eine große Triceratops-Figur.
Aber dafür reichen ihre 9 Punkte nicht.

Der Teilmatiner stupst Lotte an.
Lotte versteht ihn genau.
Sie zieht Kara und Jasin zur Seite.
Feli merkt davon gar nichts.

Gerade will sie einen Sticker nehmen.
Da sagt Lotte feierlich:
„Feli, wir haben uns was überlegt.
Wir drei tun unsere Punkte zusammen.
Und du bekommst den Triceratops.“

Feli nimmt den Triceratops
und drückt ihn fest an sich.
„Das ist lieb von euch“, sagt Feli. „Danke!“

Jasin, Kara und Lotte freuen sich mit Feli.
Jetzt haben die drei noch ☐ Punkte übrig.
Kara hat eine Idee: Dafür suchen wir uns
noch 3 S _ _ _ Ü _ _ _ _ _ _ N _ _ _ _ _ _ R aus.“

Feli hat auch noch eine Idee: Ihre Punkte
tauscht sie gegen ein Dino-Quartett.
Das können sie gemeinsam spielen!

Am Museum gibt es einen kleinen Park.
Darin stehen große Dino-Figuren.
Hier soll das Picknick stattfinden.

„Wir müssen einen richtig guten Platz finden“, sagt Feli.
„Was ist ein richtig guter Platz?“, fragt das Meerdreinchen.
„Das wissen wir, sobald wir ihn sehen“, meint Feli.

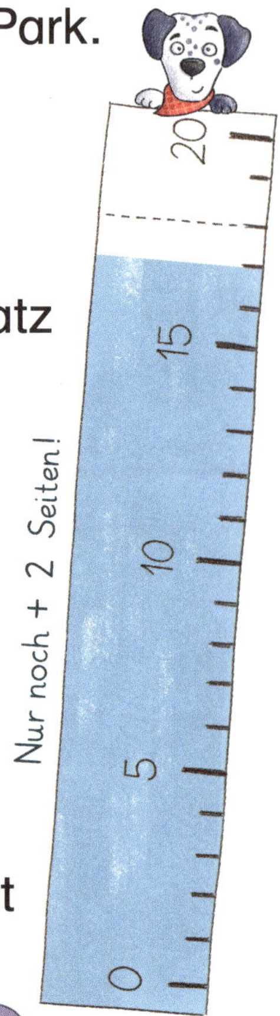

Feli geht vor.
Sie geht über eine Brücke und biegt links ab.

Trage die fehlenden Zahlen der 8er-Reihe in den leeren Luftballons ein.

Vor einer Wiese zwischen Bäumen
bleibt Feli stehen.
„Hier picknicken wir!“, beschließt sie.
„Der Platz ist wirklich richtig gut“,
sagt das Meerdreinchen.
Hier gibt es nämlich Butterblumen,
die lieben Meerdreinchen ganz besonders.

Rechne mit!

Feli verteilt Waffeln, Sahne
und Erdbeeren.
Jedes Kind bekommt 3 Waffeln
und ☐ Erdbeeren.
Zitronen-Limo gibt es auch.

Der Teilmatiner kaut glücklich
auf seinem Knochen.
„Feli, bist du zufrieden mit deinem
Geburtstag?“, fragt er.

Feli überlegt.
Heute ging nicht alles nach Plan.
Aber es ist trotzdem richtig schön.
Viel schöner, als sie dachte.

Die Mathematierchen haben etwas vergessen: Felis Geschenk!
Das Kaneunchen gibt es Feli.
Vorsichtig packt sie es aus.
„Ein Armband!“, staunt sie.
„Das ist aber schön!“

Das freut die Mathematierchen!
Zufrieden verschwinden sie
im mathe-magischen Nebel.

Mathe-magisch gesammelt!

Auf vielen Seiten im Buch
hast du solche Zahlen gesammelt: ☐

Trage diese Zahlen untereinander
hier ein.
Male die Felder
mit den gesammelten Zahlen aus.
Du kannst die Farbe nehmen,
die die Zahl hat.
Was ist zu sehen?

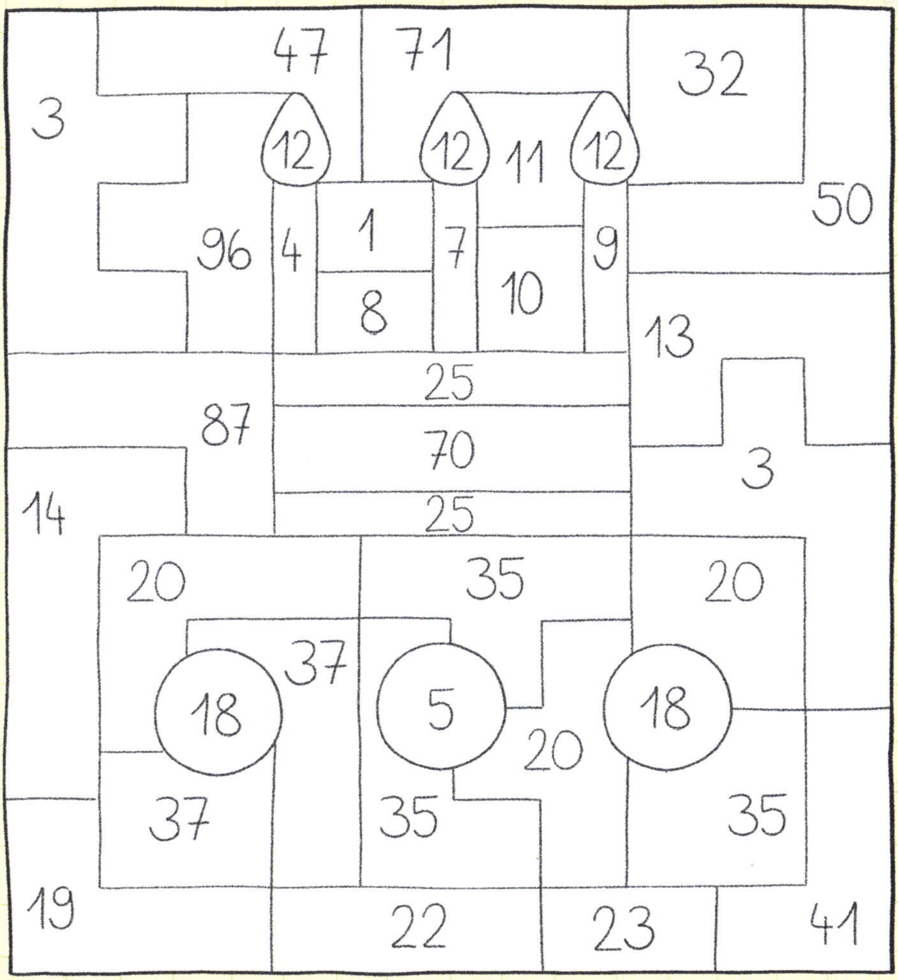

Wie waren die Aufgaben
in diesem Kapitel für dich?
Male dem Teilmatiner
ein Gesicht.

Alle Aufgaben gelöst?
Hier findest du die richtigen Antworten.

Kapitel 1

Seite 8:
am 23. Juli
um 14 Uhr
im Lindenweg 37
in 35 Minuten

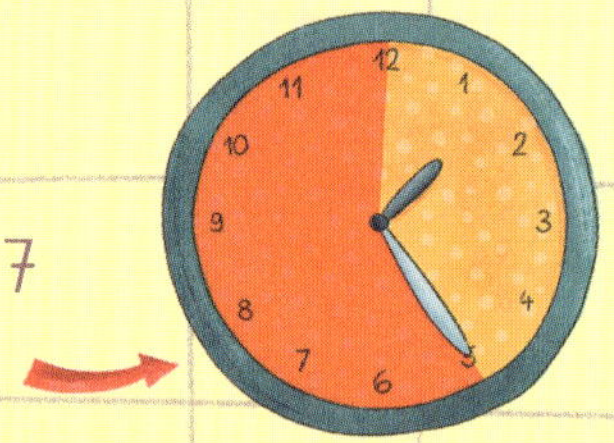

Seite 9:
am 21. Juli (23 - 2 = 21)
14 Mal

Seite 10:
12 Waffeln (24 : 2 = 12)
3 Waffeln für jeden
(12 : 4 = 3)

Seite 11:
4 Muffins
8 Brezeln (2 • 4 = 8)

Seite 13:
in 3 Stunden (17 - 14)
35 Meter

Seiten 14 bis 15:

Kapitel 2

Seite 16:
Feli gibt dem Mann 20 Euro.
Sie bekommt 4 Euro zurück.
(20 − (4 • 4))

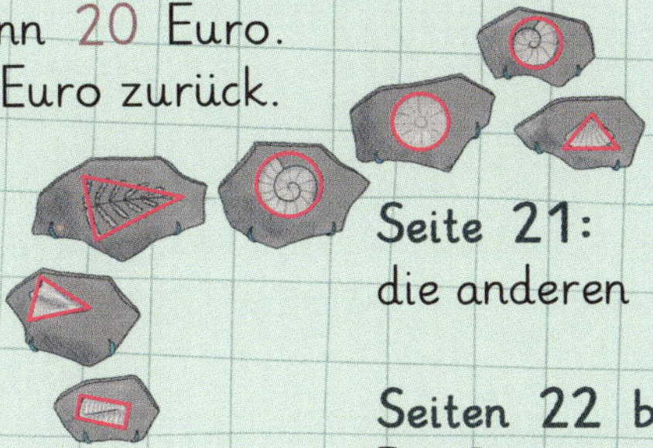

Seite 19:
3 Dreiecke
3 Kreise
1 Viereck

Seite 20:
4 Dino-Skelette

Seite 21:
die anderen 3 Sachen

Seiten 22 bis 23:
Der Brontosaurus ist
20 Meter lang.
Der Brachiosaurus ist
25 Meter lang.
Der Brachiosaurus ist 5 Meter
länger. (25 − 20 = 5)

Seite 24:

Seite 25:
Die Wildzweine verstecken
sich auf Seite 21!

$9 \cdot 8 = 72$

$36 : 6 = 6$

$40 : 4 = 10$

$3 \cdot 7 = 21$

$5 \cdot 5 = 25$

Seiten 26 bis 27:

Das Pluspferd ist
3 Meter entfernt.

Der Teilmatiner ist
4 Meter entfernt.

30, 100, 70

$30 + 70 = 100$

$70 + 30 = 100$

$100 - 30 = 70$

$100 - 70 = 30$

Kapitel 3

Seite 30:
7 Minuten

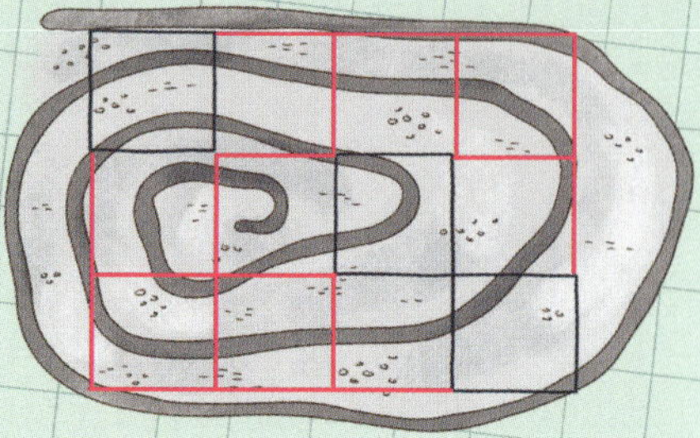

Seite 31:
8 Mathematierchen + 4 Kinder = 12 Vierecke

Seite 33:
18 Steine
(6 + 6 + 6 = 18)

Seite 34:
20 coole Steine
5 Stück (20 : 4 = 5)

Kapitel 4

Seiten 38 bis 39:

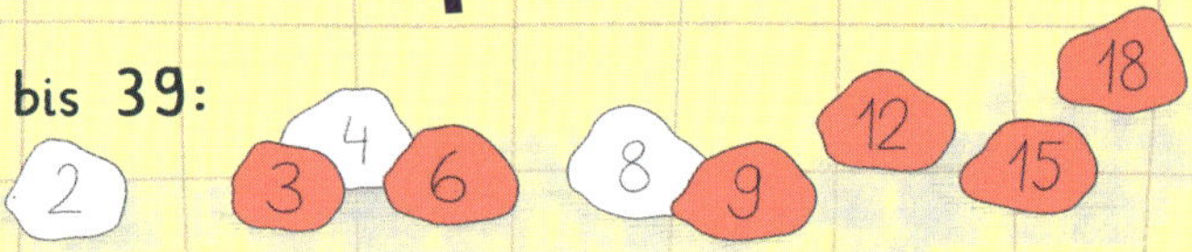

Seite 41:
40 Knochen
Nummer 37
(28 + 9 = 37)

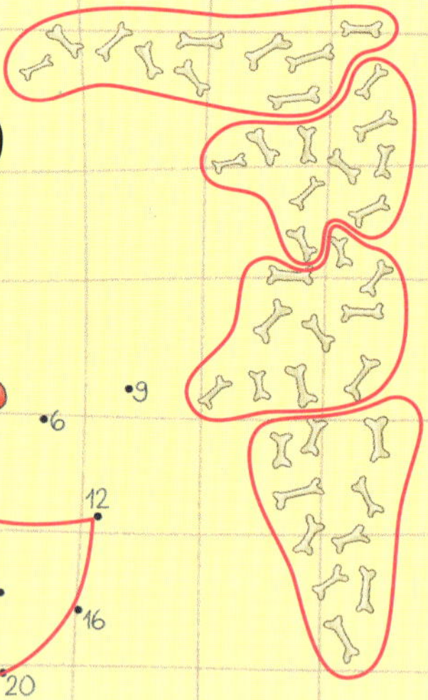

Seite 42:

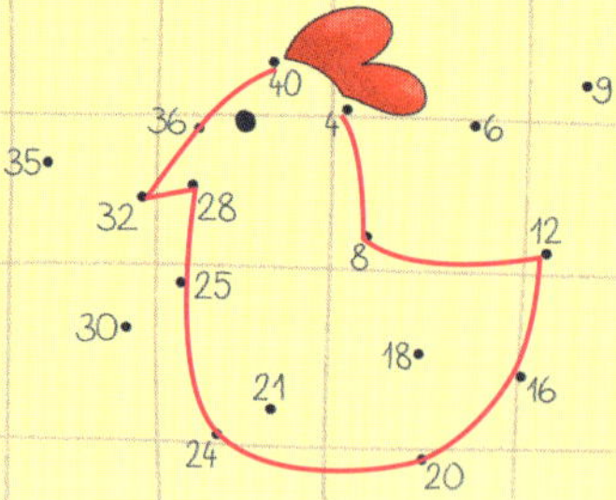

Seite 43:

Kapitel 5

Seite 46:
2 Stationen sind übrig (15 – 13 = 2)

Seite 47:
Alle zusammen haben 36 Punkte.
(7 + 9 + 5 + 8 + 2 + 5 = 36)
Jedes der Kinder hat 9 Punkte. (36 : 4 = 9)

Seite 48:

Seite 49:
Noch 9 Punkte sind übrig.
(27 – 18 = 9)
Die Kinder suchen sich
3 SCHLÜSSELANHÄNGER aus.

Seite 50:

Seite 51:

Seite 52:
5 Erdbeeren (20 : 4 = 5)

Seiten 54 bis 55:
Eine Torte!

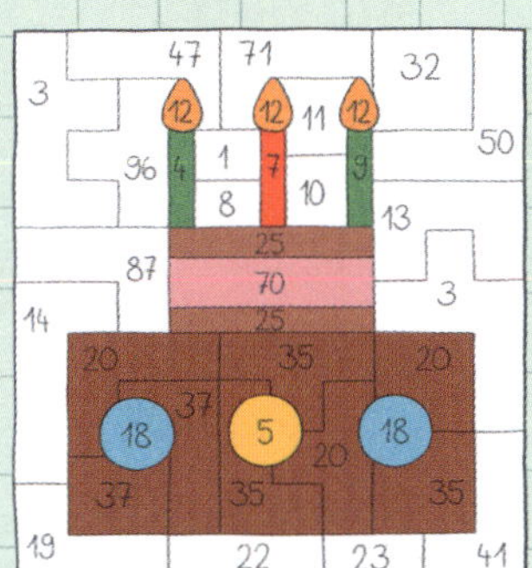

Jasin

- mag Zahlen und Mathe nicht so gern
- backt sehr gerne Kuchen
- trödelt oft auf dem Heimweg

Kara

- malt sehr gerne und kann das richtig gut
- spielt Handball und Tischtennis
- ist ungeduldig

Lotte

- trägt immer zwei verschiedene Socken

- ist ein bisschen unordentlich
- mag Abenteuer

Herr Zahlbers

- der Mathe-Lehrer der Kinder
- seit er an der Schule ist, sind die Mathematierchen da